AF607044
AVERSO

GALERÍA DE INTIMIDADES

Christian Nieto Tavira

Número 58 de la Colección **PERVERSA**

Galería de intimidades

Edición al cuidado de Averso Poesía
www.aversopoesia.com

Primera edición: enero de 2026
ISBN: 979-13-990991-7-1
Depósito Legal: GR 129-2026

Impreso en España - *Printed in Spain*

El papel utilizado para la impresión de este libro está calificado como papel ecológico y procede de bosques gestionados de manera sostenible.

GALERÍA DE INTIMIDADES

Christian Nieto Tavira

PRÓLOGO

Entre todas las disciplinas artísticas y los géneros literarios, quizá sea la poesía la más primorosa excepción, el más deslumbrante verso suelto. Me refiero a que, a diferencia de otros creadores —pintores, escultores, novelistas, dramaturgos...—, que suelen alcanzar su cenit a una edad plenamente madura, el poeta lo hace, generalmente, durante su juventud. Son numerosos los casos que así lo demuestran, siendo el de Pablo Neruda probablemente el más extremo y paradigmático, pues el poeta chileno escribió su más célebre obra —*Veinte poemas de amor y una canción desesperada*— antes de alcanzar la veintena. Incluso quien escribe estas líneas vivió su etapa poética entre los quince y los veinticinco años, perdiendo después el ímpetu y el pulso de los versos para pasar a escribir textos académicos, artículos periodísticos, ensayos y algún que otro relato.

Christian Nieto Tavira está transitando la tercera década de su vida, lo que le sitúa en ese momento de plenitud creativa tan singularmente propio de los poetas. Y en ese decenio crucial, se nos muestra extraordinariamente prolífico. Cuatro han sido ya los poemarios publicados por el autor: *Última bala*, *Canto desgarrado*, *Apuntes para un futuro caos* y *Esta flor de azahar, aquellas lágrimas de abril*.

Ahora nos presenta *Galería de intimidades*, donde recrea, reinterpreta y traduce de forma poética sus otras dos grandes pasiones: la pintura y el cine. Nombres de artistas plásticos como Van Eyck, Caravaggio, Delacroix, Toulouse-Lautrec, Hopper o Basquiat se mezclan, en los títulos de sus poemas, con los de cineastas como Bergman, Pasolini, Rohmer, Coppola, Tornatore o Sorrentino, configurando un prolijo crisol de referencias y citas.

Plano general, contrapicado, fundido a negro, plano americano... Son todos ellos términos propios del lenguaje cinematográfico, pero que se insertan con sorprendente naturalidad entre los poemas que componen la particular filmoteca lírica del autor. Y lo mismo sucede con ideas y conceptos procedentes de las artes plásticas, especialmente aquellos ligados a la experiencia de la contemplación, a veces espiritual, otras veces sensorial, de una obra artística.

Nos hallamos ante un poemario que se recorre y observa como las galerías de un museo y sus cuadros, que se devora con la mirada como las películas proyectadas en las salas de cine. Y todo ello desde lo más íntimo y personal, desplazándose del pequeño pueblo familiar a la gran ciudad cuajada de estímulos artísticos. Pasando de versos de lo sencillo y local —«Volver al pueblo / y oler el pan de la abuela en el horno de piedra»— a otros de lo extraordinario y cosmopolita —«Amarnos frente al *Rapto de Proserpina*, / tomar un martini mientras miro sus ojos verdes»—.

También viaja el poeta de las épocas pretéritas a la más rabiosa contemporaneidad, del Museo del

Prado a la pantalla del *smartphone*. Se desplaza del «Me levanto, tembloroso, / porque no soy el mismo que entró. / El Greco ahora me ha pintado / y en el lienzo, mi alma también se crucificó» al «Facebook me pregunta si quiero ver recuerdos / de hace cinco meses: nosotros en Cartagena, / tomando un helado y sonriendo. / Me sugiere que te etiquete, / me propone ser amigo de tus padres / aunque nunca me aceptaron».

Y es pertinente cerrar este prólogo con la misma frase que pone punto final al poemario. Una frase que, pese a su contundencia, respira redención y esperanza: «Solo el cine y el arte pueden salvarnos». Añadamos también a esta fórmula la poesía.

Carlos Salas González

GALERÍA EXTERIOR

PLANO GENERAL

La muerte de Chatterton
(Henry Wallis, 1856)

En la cárcel como Miguel Hernández
o en Granada como Federico García Lorca.
En un hospital como Leopoldo María Panero
o en un hotel parisino como Danielle Collobert.
En una cama como Thomas Chatterton.

Pero
como todos
morir siendo poeta.

A derradeira lección do mestre
(Alfonso Rodríguez Castelao, 1937)

La sangre que hay en mí
es la de todos los hombres que me han precedido:
desde el que hizo del árbol su cadalso,
la del maestro republicano que no murió en su
casa viendo un futuro mejor,
hasta la del que se quitó la vida.

Es la sangre de quienes lucharon hasta el final de
sus días,
es la de aquellos a los que la vida y la sociedad
les dijeron que no podían
pero aun así
lo hicieron.

Filmoteca de ausencias 01: *Cuento de verano*
(Éric Rohmer, 1996)

Se baña como una sirena
y dice que es alemana.
Viéndola en la piscina me siento
dentro de una película de Éric Rohmer.

El pelo rubio recogido en una cola
queda mojado como el trigo
tras la lluvia fresca de la mañana.

Hay un instante en el que el tiempo
se paraliza y su mirada se fija en la mía.
Un instante en el que quizá
pueden pasar tantas cosas.

Quizá haya un tornado en Missouri,
una guerra en cualquier país del mundo,
gente que grita y que ya no puede
amar, ni besar, ni reír.

Gente que,
como yo ahora, en algún momento fue feliz.
Y, como si la vida fuera cine,
pero el cine no es la vida,
un fundido a negro
y llega el fin del poema.

El juicio final
(Jan Van Eyck, 1440)

Me niego a creer en ángeles caídos,
en este lugar nadie tiene las alas cortadas
pero sí las venas.

Hay un fuego donde la mirada se me pierde,
miles de almas suplican mientras la vil parca,
con voz estridente,
grita que no hay suficiente infierno.

Yo sé que estoy condenado,
pero mi condena no es mayor
que la de aquel que tiene el rosario en la mano
y a un niño desnudo arrodillado,
llorando y suplicando clemencia.

La crucifixión
(El Greco, 1597-1600)

Estoy en un banco frente al Greco.
Museo del Prado.
La crucifixión me mira y la miro,
en un diálogo mudo, sagrado.

El pincel danza ante mí,
con trazos de agonía.
El Cristo estira sus brazos al cielo
mientras sangre y agua llenan las copas.

Hay un lamento siniestro en todo,
algunos dicen que el pintor cretense
se inspiró en las palabras de Alonso de Orozco.
Hay oscuridad en esta luz.

María y Juan, al pie de la cruz.
Su dolor atraviesa lienzo y tiempo
y me alcanza aquí, en este banco,
donde los japoneses paran al verme meditar.

El Greco me envuelve,
deforma la realidad.
¿Es el cuadro o soy yo quien se retuerce
fruto de la contemplación?

Los minutos se estiran,
el Prado se desvanece.
Solo quedamos el cuadro y yo,
fundidos entre la belleza y el dolor.

Me levanto, tembloroso,
porque no soy el mismo que entró.
El Greco ahora me ha pintado
y en el lienzo, mi alma también se crucificó.

Filmoteca de ausencias 02: *A silent voice*
(Naoko Yamada, 2016)

Una voz silenciosa resuena en mi cabeza,
como un tambor que salpica sangre
si es golpeado.
Esa voz me pide gritar
y una vez que lo hago,
me deja solo y moribundo una vez más.

Cantándole al amor.
Rogando a la esperanza.

Fausto y Mefistófeles
(Eugene Delacroix, 1828)

No me canso de vender mi alma al diablo,
ser como un Fausto desnudo ante el espejo
de la indiferencia,
viéndome las heridas una a una
y marcándolas con la sangre de los impíos.

No existe lugar que pueda albergar mi dolor,
ni nadie que pueda marcar las coordenadas
donde se encuentra mi felicidad.
Al final, solo tengo el poder de ocultar este dolor
con el barro que enterró a Adán.

Este es mi testamento,
mis flores muertas del cementerio,
el alma corrompida de este insomne
y la inútil revelación de que mi vida
es un cúmulo de heces bajo el lecho del universo.

Filmoteca de ausencias 03: *La gran belleza* (Paolo Sorrentino, 2013)

No es tan difícil.

Querer enamorarme en Roma
de una galerista del Borghese,
querer besarnos en el Antico Caffè Greco
de la Via dei Condotti,
querer hacerme suyo mientras nuestro sexo
parece sacado de un plano de Paolo Sorrentino.

No es tan difícil.

Amarnos frente al *Rapto de Proserpina,*
tomar un martini mientras miro sus ojos verdes,
su vestido azul oscuro resplandece en la noche
romana,
sus labios rojos como la sangre me invitan a pecar.

No es tan difícil.
No.
Y sin embargo.

Filmoteca de ausencias 04: *Mi vida sin mí* (Isabel Coixet, 2003)

Cuando lloraba ella nunca supe por qué.
Ni siquiera cuando nos besábamos bajo ese
paraguas
que coloreaba el arcoíris.

Fue cuando me la arrebató esa enfermedad.
Al llorar,
en ese preciso instante,
logré saber
la razón de ser de la lluvia.

GALERÍA INTERIOR. PLANTA BAJA

PLANO AMERICANO

Rappelle-toi, Bárbara!
(Ouka Leele, 1987)

Un cigarro desde un balcón
cualquiera de la calle Espíritu Santo
satisface a mi otro yo.

He vuelto borracho de aquel bar,
tropezando en cada esquina
de una ciudad que no me pertenece
y ahora,
exhalo un millón de motivos
por los que mi cabeza ha decidido olvidarte.

Esta es la satisfacción de estar
en un balcón de Malasaña
y que una pandilla de chicos por la calle
pongan en Spotify esa canción de Iván Ferreiro,
la que tanto os definía.
Y ahora no te importa nada.

Ni la falta de estrellas en la ciudad,
ni el hecho de que mañana perderás el tren
pensando qué bonita es aun así Madrid
sin ella.

Filmoteca de ausencias 05: *El desencanto* (Jaime Chávarri, 1976)

Te sientas frente al papel y os miráis como viejos
adversarios,
duelistas,
contrincantes en la eterna lucha.
Te exprimes la cabeza y no sale nada,
esperas al poema y sigues haciéndolo
como aquel que espera en la estación
un viejo amor.

Intentas pasar a la acción,
pruebas aquellas cosas que dicen los gurús
y los *coaches*,
acabas borracho como Bukowski
y sigue sin salir nada.
Nada sirve.

Sales a la calle buscando al poema.
Lo intentas encontrar en las caras de los mendigos
o en esa chaqueta con la que ahora te abrigas.

Vuelves frente al papel,
totalmente desencantado.
Cuando todo está perdido
tan solo te queda desangrarte.

Y ahí,
junto a la sangre,
el poema.

Retrato de mi madre
(Pedro Cano, 1969)

Mamá, ¿por qué ya no me buscas?
¿Ya no me quieres?
¿Por qué no me puedo esconder en tu vientre?

Mamá, quiero volver al principio
y a ser minúsculo,
ser como una hebra del tiempo,
sin pensar en un mañana ni en un presente.

Mamá, si yo te contara lo que solo me atrevo
a contarle al papel,
seguro que me enjuagarías las lágrimas,
me abrazarías tan fuerte que me dirías
que todo pasará.

Mamá, ahora puedes comprender
mi dolor,
cómo atenaza día tras día mi pecho.

Puedo ver el fin y también,
un principio.

Filmoteca de ausencias 06: *Cinema Paradiso*
(Giuseppe Tornatore, 1988)

Volver al pueblo
y oler el pan de la abuela en el horno de piedra.

Volver y preguntar a mamá qué tal de la rodilla,
llevarle margaritas.
Que lo agradezca cuando se le iluminan los ojos.

Son estos momentos los que hacen que,
en ocasiones,
esta realidad supere la ficción.

El beso
(Toulouse-Lautrec, 1892)

Si vuelves a besarme,
juraría una eternidad contigo.
Ya no sería un poeta de sueños,
lo sería de realidades.

Vuelve y olvidaré todo lo que soy
por formar una nueva identidad
contigo.

Painting
(Francis Bacon, 1946)

Vomito sobre la mesa
y es así como los mártires devoran mi sed.
Un enjambre da vueltas sobre el carnero pascual,
que se sacrifica por la orín de un agricultor.

Cuando el cuervo se pare sobre la cruz,
sabrá que debe picarme los ojos,
como el buitre que me come las entrañas.
Mi dolor es como el del ser que cada noche
invade mi cama y me penetra como una bestia.
Llora y me dice que me ama,
escupe sangre,
se me evapora en los sueños.

Filmoteca de ausencias 07: *Persona*
(Ingmar Bergman, 1966)

Puedo ser el mentiroso que se mira al espejo
como puedo ser la niña que se pone la falda
como puedo ser el abuelo
o el perro

puedo ser de humo
y oler a lavanda y a cuero animal
puedo ser el reo
y la coja que sale de la fiesta

puedo ser
quien tú quieras

cuando me nombres.

Filmoteca de ausencias 08: *Animales nocturnos*
(Tom Ford, 2016)

Rondo la esquina
mientras fumo,
hoy tu vestido rojo me parece más intenso.

Te acercas para decirme que ya no.
Que ya no.
El cigarro aún podía saberme
mucho más amargo.

Muerte de la Virgen
(Caravaggio, 1606)

Sostengo tu nombre antes de que te vayas.

Lo que te queda
es,
o fue,
un cuerpo.

Filmoteca de ausencias 09: *Drácula de Bram Stoker* (Francis Ford Coppola, 1992)

Existes porque te veo feliz y radiante,
sonriente en esa foto,
firmando un pacto contra mi suerte.

Ya no tengo tréboles de cuatro hojas,
margaritas a las que deshojar
ni estrellas que contar.

Hoy pienso cruzar océanos de tiempo
para intentar olvidarte.

GALERÍA INTERIOR. PLANTA ALTA

CONTRAPICADO

Automat
(Edward Hopper, 1927)

Deslizo el dedo sobre rostros
que me prometen café por las mañanas,
conversaciones en torno al cine de Fellini
y la posibilidad remota
de construir algo lo más parecido al amor.

Una muy alta y no le voy a gustar por ser tan bajo,
otra que sonríe como mi ex,
una a la que le gustan los perfumes caros,
otra que tiene gato.
El gato no es el problema,
es que ya no recuerdo
cómo se abraza sin buscarlo antes en Google.

Match.
Notificación.
«Hola, ¿qué tal?
Soy Chris, encantado».

Escribo y borro la respuesta
cinco veces antes de entender
que el amor ahora
es el onanismo que prefiero practicar.

Filmoteca de ausencias 10: *Her*
(Spike Jonze, 2013)

Facebook me pregunta si quiero ver recuerdos
de hace cinco meses: nosotros en Cartagena,
tomando un helado y sonriendo.

Me sugiere que te etiquete,
me propone ser amigo de tus padres
aunque nunca me aceptaron.

Pienso enseñar nuevos hábitos a mi teléfono:
que me diga películas que no vi contigo,
museos a los que no fuimos,
rutas que eviten tu barrio.

Poco a poco,
la inteligencia artificial también aprenderá
a olvidarte.

Lavabo y espejo
(Antonio López, 1967)

En el cajón de los objetos rotos
tengo un reloj que se paró a las 12
de un martes que intento olvidar,
tres llaves de cerraduras cambiadas
y un manual de instrucciones
para cuando olvido vivir y amar.

También guardo las palabras
que no dije cuando tocaba,
como ese *te quiero* oxidado
en la punta de mis labios.

Hago inventario de lo que ya no está.
Solo me queda el recuerdo de que el futuro
era para nosotros una habitación grande,
con ventanas y patio de luces exterior.

Y no este cuarto pequeño
donde guardo todo este amor
que no sé conservar.

Filmoteca de ausencias 11: *Edipo rey*
(Pier Paolo Pasolini, 1967)

Mi padre no está.
Mi padre se fue y nos dejó aquí
en una casa de soledades.

Mi padre me habla a veces por teléfono
y me pide perdón por su ausencia.

Mi padre no está
y aunque él insista
no puedo ni sé reconocerme en él.

Niño, por lo que más quieras,
jamás cargues con los pecados
de tu padre.

El velatorio
(José María López Mezquita, 1910)

Me dicen palabras que no entiendo.
Que lo sienten,
que ellos lo sienten.
Mi pérdida solo la siento yo. Este peso
en el corazón,
cómo arde mi alma.

No me dicen nada las palabras de ánimo,
tampoco la mano fuerte que me aprieta
el hombro,
los dos besos de la anciana que
huele a Eau de Rochas,
el abrazo de ese amigo.

El cura hace el responso y dice
que nadie es eterno
salvo el que murió por nuestros pecados.
Él quizá entienda estas lágrimas
de desconsuelo,
la niebla que ahora cubre el pueblo
o el cigarro que me enciendo pensando
que ella murió
creyendo que yo no fumaba.

Filmoteca de ausencias 12: *Ruby Sparks* (Jonathan Dayton y Valerie Faris, 2012)

Anoto en mi ordenador:
a las 18:00 un perro cojea
frente al estanco del pueblo.
Hay algo herido en la manera
en que los ríos vuelven a su cauce.

La cartera trae cartas que no son mías
por tercera vez esta semana.
Quizá el destino no sea más
que una dirección mal escrita
para un sobre sin remitente.

Hoy he regado las plantas del jardín.
No por esperanza,
sino por protocolo.

Dustheads
(Jean-Michel Basquiat, 1982)

En este estado entre la vigilia y el sueño
es cuando los demonios me observan
y arañan,
me miran amenazadores
y me aterrorizan.
Me hacen imaginar que estoy
rodeado de cadáveres en descomposición,
casas abandonadas
y espíritus que se amarran en lo terrenal.

En este estado en que mis párpados
no pueden cerrarse del todo
y miles de manos me agarran,
soy consciente de que Morfeo no me visita hoy.

Caigo

Caigo

Caigo

Esto es un abismo
donde mis monstruos bailan
y yo aquí solo soy
el maestro de ceremonias.

Filmoteca de ausencias 13: *Crudo*
(Julia Ducournau, 2016)

22:47. Pido un kebab muy grasiento
por tercera vez esta semana.
El repartidor se llama Marcos,
estudia Filosofía y tiene mi edad.

Evito el contacto visual,
como si pedir un rollo de carne
(con salsa blanca y picante) de a saber qué animal
fuera una confesión:
la de que no sé cocinar para una persona
y menos para dos,
que no recuerdo cuándo fue la última
vez que salí a cenar fuera de casa
y que mi nevera está llena de yogures caducados.

Marcos me sonríe
sin juzgar que lleve un pijama de osos,
sin preguntar por qué una persona sola
pide siempre un *dürüm* extragrande
y ración de patatas para dos.
Y guarda la mitad para un desayuno
que tendrá como siempre
el sabor de la soledad.

Cierro la puerta, abro la bolsa.
Por un momento la casa
huele a carne, verduras,
una rara mezcla de especias orientales

y a la posibilidad
de que alguien haya cocinado esto
pensando en mí.

Solo el cine y el arte
pueden salvarnos.

ÍNDICE

Este libro se terminó de editar en Granada
en enero de 2026 por

www.aversopoesia.com
hola@aversopoesia.com